I0201290

9 789186 173012

Ejaz Khan: Kasheed-e-Dil/Extract of Heart

ISBN 978-91-86173-01-2

Copyright © Ejaz Khan 2014

Published by: Suncrust AB

Design: Touseef Qamar

کشیدِ دل

The Extract
Of Heart

اعجاز احمد خاں

انتساب

انسانیت کے نام

جو آج اپنا توازن کھو چکی ہے اور مدد کے لیے آسمان کی طرف دیکھ رہی ہے

فہرست

وحشت

میری وحشت کے سمندر میں
جب طوفان اٹھتا ہے
غرق ہوتی ہے کائنات کی ہر شے اس میں
رگوں میں بہتا ہوا سرد لہو
سینۂ ناپاک کھاتا ہے ابال
تو جھک کے رہ جاتی ہے ہر گردن
لرزہ بہ اندام انبوہ عظیم
میرے قدموں میں سر رکھ دیں

اور گر میرے غضب کی گرمی سے
کسی جبیں پہ بل آئے
ہزار دار بچھادوں اور لٹکادوں
ہر اک پر
اور تعزیر کی ہوس پھر بھی باقی ہو
کہ مرتکب گناہ ہیں متوقع نافرماں
میرے اشاروں سے چلتی ہیں دھڑکنیں سبکی

میری عطا سے یہ دنیا باقی ہے
میری آنکھوں سے تارے نکلے ہیں
یہ بحر و بر؛ خلیجیں یہ دریا سب
یہ ماہ و شمس؛ الغرض ہر شے
صرف میری ہے
کہ کھڑا ہوں اس مقام قوت پر
جہاں سے آگے کچھ بھی نہیں ہے

لطف اندوزی

لطف اندوزی سے آگہی
لطیف سے جذبات دے گئی
کسی اور کہکشاں کی سوغات دے گئی
جھلسے ہوئے صحرا کو برسات دے گئی
زندگی میں پہلی بار ہمیں
محسوس ہوا ہے
کہ ہر جسم کی تعمیر
ریشمی تاروں؛ خلیوں سے ہوئی ہے
جو ذرا تناؤ آنے پر
پھیلتی اور سکڑتیں ہیں
اور چھیڑتی ہیں اک ساز طرب
ارتعاش بدن
ہزار سنسنیوں سے کر سکتا ہے آگاہ
جو کوئی خیال آکے چھو جائے
تو ہر رگ میں اک برق سی گرتی ہے
جل مرنے کی خواہش سینے میں مچلتی ہے

اور جیون کی ندی میں
کئی گنگناتے
نغمے ابھرتے ہیں
لطف اندوزی سے آگہی
اسرار محبت کی جادوگری
جو شباب رنگیں کو
ناقابل فہم بلندیوں سے ہمکنار کرے
زندگی کو بھرپور بنا دے
پرجوش لہو کا آسودہ دباؤ
اک داستان عمر سنائے
قوتوں سے ہمکلام کرے
اے محسوسات کی دنیا
ابھی تم نے
بہت کچھ سکھانا ہے مجھے

اسرار

جہاں زندگی اور موت کی سرحدیں آ کے ملتی ہیں
کئی گل مرجھاتے ہیں کئی کلیاں کھلتی ہیں
سرحد کے اس پار کبھی؛ اس پار کبھی
دونوں وجود
ایک کیفیت شعوری میں
دوسرا لاشعوری میں
اور دونوں
ایک دوسرے سے خائف و نالاں
کچھ نہ سمجھنے پہ پریشاں
چشم تصور میں بھی حیراں
سفر ضروری سے گریزاں
موت زندگی کو اجل کہے
اور زندگی؛ زندگی کو موت
گرچہ دونوں ہی زندگی کی شکلیں ہیں
اور ان میں
تبدیلیِ ہیت مادہ کے قوانیں ہیں پوشیدہ

جب ایک حالت میں لہو زہر بنے

دوسری حالت کرے کشید اسکو

آمد

دور خلاؤں سے

چھین کر شعاؤں سے

ایک مسافت طویل کے بعد

تیری دنیا میں رکھا تھا قدم

اس راہِ عدم سے

بڑی اودھم سے

سنا تھا میں نے

کہ تو نے مجھے یاد کیا ہے

اور تحفہ دیا ہے

زندگی کے حسن کا

تیرے تصور و تخیل کو

پر میں نے دیئے تھے

صدیوں کی جدائی کو کیوں آج مٹایا

اور ذہن کے پردوں کو

پھر کیوں ہے ہٹایا

آ راز یہ کھولوں

تیرے دل میں سمو دوں

اک نئی حقیقت

مجھ سے ٹکرائی نہ کبھی آواز تیری

نہ ہی پہنچی کبھی پرواز تیری

مگر پھر بھی

جب بھی پکارا تو نے

دل کی گہرائی سے

میری روح کی تاروں میں بجنے لگے ساز

اجنبی حسینہ

اے اجنبی حسینہ !

تو میرے لئے

اک درد کی آواز سہی

اک وحشت پرواز سہی

اک ٹوٹا ہوا ساز سہی

اک دور کا آغاز سہی

کچھ زخم جگا کر چلی جائے تو کیا ہے

کچھ وہم بسا کر چلی جائے تو کیا ہے

کچھ یاد حسیں تو چھوڑ ہی جائے گی

ناکام امیدوں میں دن رات کٹیں گے

محسوس ہمیں فرق دل و جاں تو رہے گا

اس ہستی پہ تیرا احساں تو رہے گا

کچھ بات کرو تو بھی

چپکے سے جو بیٹھے گی تو مچلے گی طبیعت

کچھ اور بگڑ جائے گی غمگین کیفیت

جلتے ہوئے جذبات کو روکیں گے کہاں تک

انگاروں کی دنیا تو اپنی ہی رہے گی
یہ باد مسلسل تو چلتی ہی رہے گی

اے اجنبی حسینہ!
تو میرے لئے
گو بہ انداز پرجوش نہیں
اک وادیِ خاموش نہیں
اک دنیا بیہوش نہیں
اے ریشمی تاروں سے بنی حور مقدس
صندل کی خوشبو میں بسی اے باد نسیم
طیور کی آوازِ مدھر سے نوازی ہوئی ہستی
جاگیں تیری آنکھوں میں
دن رات ستارے
بے تاب شرارے
بھڑکے ہے جو دل میں
وہ آگ ہی اک دن
آزاد کرے گی
ہمیں سود و زیاں سے

انداز تبسم بھی کچھ سمجھ نہیں آتا
کچھ بات کہو تم

کچھ اور سنیں ہم
یہ فرق طبیعت بھی اک راز ہے ہم پر

نازک سی پری آکر
آغوش میں لے لو
آغوش میں لیتی ہو تو جیتا ہوں پھر سے
پیتا ہوں میں پھر سے
تمناؤں کا پانی
تیری سانسوں کی گرمی
اک عمر کا تحفہ؛ یہ کھلتی جوانی
اور انہی کے سہارے
دشت زندگانی کا سفر کاٹ رہا ہوں

قوتِ مادہ

پیوستہ انگلیاں ہیں
جہان مادہ کی
ہر کس و ناکس کے جگر میں
ہر کوئی مگن اپنی فکر میں
گر رہا ہے مانند کوہ
بے شعور سروں پر
سامان ہستی ڈھونڈھنے کا بار
اک طوفان بے قابو
سر پٹکتا پھرے چار طرف
پر سکوں کونے ناپید

اب سے پہلے کبھی انساں
ذلتوں کے کاسہ میں
رحم کی بھیک نہ مانگنے نکلا تھا
اور نہ ہی
اپنی ہستی کی شکم پری کیلیئے

بیچنے نکلا تھا اوصاف خدائی
کھوکھلی روحوں کے کرب اور جہنم میں
یہ مادہ تو ایک ایندھن ہیں
جن سے جلتی ہوئی آگ
کچھ اور بھڑک اٹھتی ہے
جیون کے اندھیروں میں
کیوں بجھ گئی آخر
وہ شعور کی شمع
جو رہبر روح تھی
جسموں کا سہارا تھی

ہم سب ہی فنا کو اب دوڑ رہے ہیں
جو کچھ پایا تھا سب چھوڑ رہے ہیں
بیچ آئے ہیں جاکر ہم رنگ حنا کو
اک مادہ کے بدلے
سپنوں کے تعاقب میں
کھوآئے ہیں سب کچھ

فنکار

ہنر و کسب کی بات نہ چھیڑ

ہر گام پہ ہیں فنکار کھڑے

کچھ ستم پیشہ ابھی بیکار سے ہیں

تلاش تختۂ مشق

اور ہاتھوں میں کھجلی

سکڑی ہوئی زرد سی آنکھیں

درد کی تصویر نہیں ہیں

تیرے خوابوں کی تعبیر نہیں ہیں

کہ ان میں چھپی ہے

بازی لے جانے کی تمنا

اوج کمال کا قصہ نہ سنا

کہ ہر موڑ سے

جھانکتے ہوئے فنکار سبھی

ستم شعاری کے فن کی

چوٹیوں پہ نظر رکھے ہیں

متعدی بیماری

اک عالم اضطراب؛ طبیعت مضمحل
گرد کی چادر لپیٹے
پڑے ہیں اک گوشۂ تنہائی میں
روح افسردہ کے ماتم میں شریک
جمود طاری رہاہستی پہ ستم بن کر
اور خلش کے مارے کوئی سانس نہ نکلا
تو نکل پڑے
اس عالم ناپسندیدہ سے
اک طیش کے عالم میں
توڑ کر ضبط کے بندھن
باآوازبلند خود سے ہمکلام ہوئے
الفاظ کے اتار چڑھاؤ میں
رکھ دیا ہے بالآخر
جنوں کے پہلے زینہ پر
قدم اپنا
برہنہ جسم لئے

مٹا کے شرم

آگے کا سفر

خود بخود طے پا جائے گا

اب طبیعت کا اضمحلال

روح کی افسردگی

ہستی کا جمود

سینہ کی خلش

خلفشار و جنوں

پھیل جائے گا

متعدی بیماری بن کر

ہر سینے کے اندر

مجبوری

چپ چاپ کنارہ کشی میں
میری بقاء کا راز چھپا تھا
تھی اسی میں عافیت کہ خاموش ہی چلتے
اور روح کے آہن کو اک خاک میں ڈھلتے
صدمات زمانہ پہ بند کر کے یہ آنکھیں
اک تپش میں جی لیتے کوئی زخم نہ بھرتے
لاتے مگر کہاں سے خاموشی کی قوت
خود فراموشی کی دولت
قدم قدم پہ کھڑے تھے
ہستیٔ ناتواں کے دشمن
اور اسی تاک میں تھے
کہ ہم آمادہ شکست نظر آئیں
اداس راہوں پہ ہماری پسپائی
ذلت کی سیاہی؛ ہر کوچہ میں رسوائی
آرزوئے عزیز تھی
کئی منتظر گروہوں کی

ڈر تو نہ تھا کسی ذلت کا ہمیں
رکھنا تھا بھرم کسی کی محبت کا ہمیں
اسی لیے برسر پیکار رہے
نبرد آزما محو تکرار رہے
بڑھتے رہے جذب سے فنا کی جانب
ظاھر کے لبادہ میں
ڈوبے ہوئے پراسرار رہے
عادت زباں درازی سے مجبور
بھاگ سکنے کی قوت سے محروم

پُرامیدی

یہ کس پہاڑ کی چوٹی سے

جھانک رہے ہیں

یہ کس معیار کی کسوٹی پر

پرکھ رہے ہیں ہم خلق خدا کو

پر جوش امیدوں سے

آگے کی طرف بڑھنا

سنگلاخ چٹانوں سے

مایوس نہ ہونا

واپس نہیں مڑنا

تم راہوں کی سختی سے

کہ کوئی بشر بھی

ان بلندیوں کی خاک اڑائے بغیر

نہیں سیکھ سکتا

پرواز کا فن

قوت ساز و آواز کا فن

تاروں سے ہمکلامی کی طاقت

اعجاز مسیحائی؛ شان گدائی

مگر یہ وہ بلندیاں ہیں کہ جہاں

نہیں ملتا کسی پگڈنڈی کا نشاں

اور نوکیلے پتھر

جسموں کو تار تار کرتے ہیں

اور عزم پختہ کو

بے یقینی سے لاچار کرتے ہیں

مگر آئے جو بردباری سے

کھلتی جائیں گی راہیں خود سے

اور رستے ہوئے ناسور تیرے

خود بخود خشک ہو جائیں گے

اے مایوسی کی چادر میں لپٹے ہوئے چہرو!

پیشانی دنیا کے مرجھائے ہوئے سہرو!

بس ذرا سی ہمت سے

بڑھو تو آ بھی سکتے ہو

اس پہاڑ کی چوٹی پر

جھانک رہے ہیں جہاں سے

ہم خلق خدا کو

انداز محبت سے

پر جوش امیدوں سے

یہ کون گیا

یہ کون گیا؟
شہرِ بیوفا سے
راہ عدم کو
محفلیں؛ بھڑکیلے لباس
قہقہے دبے ہوئے
اور آنسو کسی کے انتظار میں رکے ہوئے

اک جشن کا سماں ہے
سارا عالم چراغاں ہے
مگر ان رونقوں کا ذمہ دار
یاد نہیں کسی کو

یہ گلیوں سے اٹھتا ہوا شور
کیا اظہار بے قابو ہے؟
صدمۂ دل کا
دیدۂ پریشاں اشکبار ہے کیا؟

جگر خیز نوائیں
جانے والے کو صدائیں
کیا ماتم ہے دائمی فرقت کا
اپنی بیقراری کا
جشن منانے والے اور ماتم کناں
کر رہے ہیں باآواز بلند
اپنے اندر کے خلفشار کا
اظہار یوں ملکر
روتے؛ دھاڑتے ماتمی
دیوار سے سر ٹکراتے ہوئے
ضعف سے چکراتے ہوئے
کر رہے ہیں فنا کا گلہ
یا اپنی ہی دبی کچلی
آرزوؤں کے قتل کا احتجاج
سوگوار دلوں میں
سب کچھ ہے ماسوا
جانے والے کی یاد کے
خود اپنی مٹنے کا خوف بے پناہ
فکر معاش؛ شوق ستائش
ضرورتوں کی پریشانی؛ رونق کی کشش
راہ چلتے پوچھتے ہیں

بوجہ تجسس
یہ کون گیا؟
اور کھو جاتے ہیں
شہر بے وفا کی پر پیچ گلیوں میں
رونقوں میں رنگ رلیوں میں

درد کے ساتھی

لازم تھا کہ کچھ درد کی لہریں
اس سمت اترتیں
بھرپور طریقہ سے ہر سمت بکھرتیں
کہ وہ ڈوب چلے تھے
لذت آشنائی میں
آہیں میری اکثر
اثر گیر تو نہ تھیں
دیکھنے لگے تھے بیزاری سے
اک عرصۂ بے اعتنائی کے بعد
سینۂ ناتواں میں
یہ درد کی ٹیسیں
موضوع محبوب بنی ہیں
اور مشترکہ سرگرمی کا
آغاز ہوا ہے
گر تم نہ بن سکے
عہدِ لذت کے دوست میرے

بنے ہو اسی بہانے سے

درد کے ساتھی

آغازِ سفر

ٹمٹماتے ہوئے تاروں کو قدموں میں بچھا کر

نیلم کے فلک کوہیروں سے سجا کر

گمنام حقیقت سے اسرار ہٹا کر

چمک اٹھا مقام بلند و بالا سے

کسی شعور لامحدود کا بے کراں چہرہ

کئی ہزار سورج بھی جسکے آگے مدھم

ڈوب گیا دہشت جگر سوز کے ساتھ

یکلخت ہر شور بے ہنگم

اور ابھرنے لگا ساز محبت

جگمگاتے اجالوں میں

دل نشیں دھنوں پہ رقص کناں

ہر رنگ کائنات کے بکھرے ہجوم بھی

اس کشش بے مثال کے دامن میں جا گرے

مردہ جہان چونک کر حیرت سے جی اٹھے

پتھر پگھل کے پانی خود اپنا پی گئے

خوابوں کے جال بنتی

دھندلی خلاؤں میں

سکتہ سا آ گیا

یہ کون آ گیا؟

کرنوں کی جستجو

نگاہ اثر انگیز تیری
پوشیدہ رازوں کا لگا لیتی ہے سراغ
اور اک سرسری سی نظر
اتر جاتی ہے ہر دل کے سمندر میں
برہنہ چاند ستارے؛ سورج
ہوا بے پردہ ٹکرا کے نظر سے
چھید کر گذرتی ہے پہاڑوں کو
ہر حد آسماں سے گذر جاتی ہے

اور نگاہ اثر انگیز سے لپٹ کر
چلی آتی ہیں ہزار خوشیاں
من کو نشاط انگیز بنانے
ہستی کیلیۓ لیکر انگنت خزانے
گرمیٔ روح کیلیۓ لاکھ ترانے
ہاں مگر جب اٹھ جاتی ہے
سینۂ زمیں رینگتی روحوں کی طرف

وہ کہ جنہیں ملا تھا
عطیۂ عقابی
اک رنگ گلابی
وہ کہ جنہیں نہلایا گیا تھا
عرق آسمانی میں
ماہ و انجم کی بھرپور جوانی میں
جن کے سینوں کو بھرا تھا
حسیں نور کی کرنوں سے
بن چکے ہیں پستیوں؛ اندھیروں کی مخلوق
سینۂ زمیں کے رستے ہوئے ناسور
ہزاروں برس کی آلودگی میں لپٹے ہوئے
اپنے سراپۂ وھم میں سمٹے ہوئے

نگاہ اثر انگیز تیری
سوچوں میں غرق ہے
اور کتنی کروڑ صدیوں کے عمل سے
ان پستی ہوئی؛ رینگتی روحوں کو
گھمبیر اندھیروں میں کوئی آواز ملے گی
ان کے ناکارہ پروں کو
طاقت پرواز ملے گی؟

نگاہ اثر انگیز تیری

دیکھ رہی ہے

حصار دنیا میں کرنوں کے سفر کو

اک قوت بیدار کی گرمی کے اثر کو

ان سرگرم عمل کرنوں کی جستجو

یہ نور کائنات؛ جیون کی آبرو

انگنت صدیوں سے بے شعوری کی

اتاہ گہرائی میں ڈوبی ہوئی روحوں کو

ناکام رہی ہیں

اک بار پھر جگانے میں

سنگِ ہیجان

یہ ان دنوں کی بات ہے
ایک تنہا؛ بے کراں سا خواب تھا
اور دنیا اپنا ہی اک نام تھا
جلتے انگاروں میں چھپ کر آقائے بے نام تھے
شعلۂ گمنام تھے
اور اک دن
گھبرا کے اپنی ہی تنہائی سے
اک مہم جو
ایک جنگجو؛ کی جرأت بے باک سے
ڈھل گئے ہم مادہ کی تصویر میں
بندۂ ناچیز بنکر اپنی ہی جاگیر میں
ایک کو ڈھالا؛ اک جوڑاُ ناپاک میں
نور کی کرنوں کو گوندھا زرد سی خاشاک میں
دونوں فتنہ؛ دونوں سرکش
دونوں تھے نا مہرباں
سو گئے دونوں بیخودی کی گود میں

اک سنہری خواب کی آغوش میں
اور وہ کرنوں کے تاج
جگمگاتے وہ ٹکڑے نور کے
وہ تاج کہ جو چمکتے تھے
آفتابوں کی طرح
چھپ گئے تہہ در تہہ خاک میں
وقت کے سینۂ سفاک میں
وہ دو کہ جن سے افلاک کی پیدائش ممکن تھی
ڈھل گئے اک سنگ بے جان میں

فولادی دیواریں

مضبوط قلعوں کی فولادی دیواریں

جو صدیوں کی کاوش مغرور سے ابھریں

انسانوں کے ڈھانچوں پر

ذلت کے اندھیروں سے

ارمانوں کے لاشوں پر

اقوام کا خوں پی کر بھی جو تشنہ رہی ہیں

اس عالم بے بس میں جو فتنہ رہی ہیں

ہوس کی گود میں پلتی

یہ ننگی غلاظت

ہر دور میں کرتی رہی خود اپنی حفاظت

ناپاک عزائم کی یہ زندہ مثالیں

مضبوط قلعوں کی فولادی دیواریں

کس خوف کے ڈر سے

یوں کانپ رہی ہیں

کیا زلزلے پھر سے

کہیں جاگ اٹھے ہیں؛ خواب غفلت سے

طوفاں کا غیظ و غضب تو ابھی اٹھا ہی نہیں

انگنت سالوں کی فصل نفرت سے

ابھی تو شور محشر اٹھا نہیں ہے زنداں سے

اور شہسوار آئے نہیں عالم پنہاں سے

ابھی تو بند ہیں منہ آہنی سلاخوں سے

ابھی تو آئی نہیں کرن کوئی سوراخوں سے

ابھی تو طلسم کدہ میں کسی کو ہوش نہیں

اور وقت کی آواز پہ کوئی ہمہ تن گوش نہیں

ابھی تو مے لڑھکتی ہے رات بھر مے خانوں میں

اور بہتات بھرتی ہے شکم انساں کو

مضبوط قلعوں کی فولادی دیواریں

کس خوف کے ڈر سے

پھر کانپ رہی ہیں؟

قوتِ مدافعت

اس شہر میں پہلے بھی
مدہوش جوانی کا
سر قلم ہوا ہے
حسن بے مثال کے موتی
تنہا؛ اداس دھیرے سے
وقت لا زوال میں ڈوبے ہیں
امنگوں؛ ترنگوں سے بھرپور یہ جیون
گھمبیر اندھیروں میں الجھ کر
یخ بستہ ہواؤں میں تحلیل ہوا ہے
اس شہر میں پہلے بھی
اہلِ ہوش نے پر جوش طریقہ سے
اہلِ جنوں کو سنگسار کیا ہے
اور یوں نایاب ہوا
سب رنگوں کا رنگ
اہلِ جنوں کا رنگ

اس شہر نے پہلے بھی
سمندر میں مچلتی
چنچل و آزاد سی موجوں کو
پابند زنجیر کیا ہے
اور حیران ہوئے ہیں
ساکن پانیوں کے تعفن پر

کوئی کہہ دے اس شہر سے جا کر
کچلی ہوئی روحوں کے اے تپتے جہنم!
پر جوش جوانی کے
پر پھر سے ہیں نکلے
اب وقت نے تیزی سے
پھر پلٹا ہے کھایا
پھر چمک رہے ہیں سب حسن کے موتی
اور جیون کی رگوں میں
نیا خون ہے دوڑا

جشن بربادی

شب کی ظلمت میں کھول کے آنکھیں
تک رہے ہیں ہیولوں کا جشن بربادی
ہر قاتل و مقتول پہ خنجر کی زباں ہے
مقتل کو ہی جاتا ہے ہر گام آزادی

حصول وہم نے مانگ لی قیمت سماعت کی
خواب رنگیں کے عوض چھین لیں آنکھیں
کھا گیا سادگی اک خوف زندگانی کا
نگل گئیں خلوص و وفا وقت کی سانسیں

اڑ گیا رنگ حنا نرم و گداز ھاتھوں سے
حجاب چشم میں اب آگئی ہے بے باکی
اب دل میں محبت کے جلتے نہیں شعلے
احساس رقابت نے سکھلا دی ہے سفاکی

مجنوں ڈھونڈتا پھرے ہر شب نئی لیلی
اس دور میں بدلی یہ وقت کی صورت ہے
ہو گا کب تلک بے جان جسموں کا ملن
ملے گا کب تجھے جسکی تجھے ضرورت ہے

آواز سحر

آواز سحر کس سمت سے آتی ہے؟

آواز کہ جو اتر گئی سینے کی گہرائی میں

اور روح میں لذت کے

کئی چشمے بہاتی

بہتی ہوئی موجوں کے گیت سناتی

وہ آواز کہ جس میں ڈوب کے وقت غرق ہو جائے

رک جائیں چلتی ہوئی سانسیں

اک بار سنے تو

مچل جائے جوانی

دھیرے سے کہے تو بنے باد نسیم

ذرا خفا تو طوفان اٹھ جائیں

ہو حلیم تو مرہم جیسی

گھول جائے جسم و جاں میں رس آکر

وہ آواز کہ جس میں

امرت بھی ہے؛ زہر کے ساگر بھی رواں ہیں

اتر رہی ہے لحظہ لحظہ
اس من کی وادیوں میں
آواز سحر لیکن
کس سمت سے آتی ہے
ہر سمت اندھیرا ہے

بیمار روحیں

دو حصوں میں منقسم
دو وجودوں پر مشتمل
رہی ہمیشہ ہر ہستی
مگر عقل ناداں سمجھنے سے قاصر
ساری توجہ رہی مرکوز
ایک ہی حصہ پر
شعور انساں کی ساری کاوشیں
ایک ہی نقطے پہ مرکوز رہیں
روگ بدن کے موجود ہزار علاج
لذت جسم کو سامان لاکھ
اس کی نگہداشت کو حکیم کئی
اور روح کا وجود
رہا متنازع مسلۂ
خیال بوسیدہ کہے کوئی
کوئی تصور انساں کی پیداوار کہے
دن بدن بڑھتے ہی جاتے ہیں

روح انساں کے مسائل
گھومتے پھرتے ہیں اک بار گراں لیکر
روح کے گھائل
موجود نہیں کوئی ماہر روحانی
اور جو دعوی بھی کرتے ہیں
روح کو سمجھنے کا
اس بیمار حصہ کو
دبا کے سمجھ لیتے ہیں
کر دیا ہے مناسب علاج اسکا
گرچہ روح انساں
کچل رہی ہے جسموں کو
پا رہے ہیں کئی روگ نئے
بدن انساں میں وجود

منافق

نابغۂ پاک تو ہی
عقل سینہ چاک تو ہی
وہ ملے تجھے گفتار کے رنگ
رہ گیا اک عالم دنگ
زباں میں شیرینی بھی ہے؛ زہر بھی ہے
چشم بے فیض میں رحم بھی ہے اور قہر بھی ہے
چاہتا تو بن سکتا تھا ولی
دسترس میں تھی گلستاں کی ہر ایک کلی
وہ ملے تجھے گوہر فطری
ہستیء بیباک تھی فلک سے اتری
تو مگر کیا سمجھا؟
کس لذت لمحہ بھر الجھا؟
وہ دل کہ جسے کرنا تھی کاینات کی تسخیر
کرتا رہا چپکے سے اک ذات کی تعمیر
ہو گیا اپنی ہی عقل کی بلندی کا شکار
نظر انداز کرتا رہا رفعتوں کی پکار

بال و پر؛ شوقِ پرواز کہیں بھول گئے
موقع ملتے ہی بانہوں میں کسی کی جھول گئے

نابغہ ٔخود فریب ہے تو
لذت بدن کا شکیب ہے تو
اپنے باطن کا آسیب ہے تو

پھر بھی سمجھتا ہے کہ تو
نابغہ ٔ بے وقت سہی
ساز بے ربط سہی
تسخیر قدرت کے امور بھولا ہوا
ہجوم دنیا میں راہی ایک بھٹکا ہوا
فتح کچھ اور جسم ہو لینے دے
سب کا سب
ٹھیک ہو جائے گا

بازارِ ہوس

کئی امنگیں ترنگیں اٹھا کے لے آئیں
بازار ہوس کی دلفریب راہوں پر
جہاں سے لوٹ کر آنے کے رستے
پھر اتر جاتے ہیں
بازار ہوس کی پر پیچ گلیوں میں
ولولے!
بنکے راکھ فضاؤں میں بکھر جاتے ہیں
نیزہ و شمشیر
اپنے ہی سینہ میں اتر جاتے ہیں
جوش جب ہوش میں آئے
ہونے لگتا ہے آغاز جنوں
صدمہء دل حد سے بڑھے تو دیدہ تر
ڈھونڈھ لیتا ہے سراب نئے
کیا وہ بازار ہوس کی شہرت تھی
یا رگوں میں دوڑتے خوں کی حرارت تھی
چل دیئے اوروں کی تقلید میں ہم

تلاش صبح ہیں نکلے تو غم کیسا؟
دل میں یہ سوچا
اس طبعیت کا اضمحلال
جانی پہچانی دنیا سے چلے آنے پر
اپنے بے رنگ شب و روز سے بھاگ آنے پر
اور کچھ دن میں بہل جائے گا دل

اپنے گھر کی بور فضا میں
جنہیں میں
بازار ہوس سے اٹھتے؛ بے فکر قہقہے سمجھا
سینکڑوں برس سے منڈلاتی ہوئی چیخیں تھیں
اور وہ سکوں کی کھنک
جنکی رغبت نے شہر خالی کیے

وہ تو جھنکار تھی
غلاموں کی زنجیروں سے نکلتی
سارے عالم کو بنا رکھا تھا معطر جس نے
تعفن کو چھپانے کا اک طریقہ تھا

اٹھا کے لائی تھیں جو کبھی مجھ کو
ان امنگوں؛ نہ ترنگوں کا نشاں باقی ہے

جوش دل ڈوب چکا دل کے اندر
ہمتیں لوٹ گییں اوروں کی طرف
نہ غم؛ خوشی راحت نہ صدمہ کوئی
نہ کوئی خواب؛ نہ چاہت نہ یاد باقی ہے
یوں تو کیا تھا زندگی نے اکثر
مجھے بحرانوں سے دوچار
ہر بحراں کی گردن پہ چھری رکھ کے نکل آئے
اپنے حصار میں واپس
ہر وقت کے دھوکہ سے جاں اپنی بچائے
مگر اب کے معاملہ پیچیدہ ہے
نہ کوئی بحراں نہ یاد باقی ہے
جانے جیتے بھی ہیں یا اوروں کی طرح
لاش اپنی اٹھائے ہوئے
بازار ہوس میں بیکار پھرتے ہیں

مضبوط اعصاب

اسکی آنکھوں سے ٹپکتی نفرت
میری حساس خیالی کا
صلہ تو نہیں ہو سکتی
میں نے تو اظہار وفا چاہی تھی
بگڑے تیور!
کوئی آواز گلہ ہوں شاید
عادی تو ہیں سرد جھونکوں کے
پہلے تو کبھی یہ سیسۂ سرد
یوں رگ جاں نہ اترا تھا
تیری سانسوں میں سمانے کا خیال
کچلے جذبات کو اک تسلی تھی
ورنہ عیاں تھی مجھ پہ حقیقت
کہ ہم دونوں
دو متوازی جہانوں کے راہی
اپنی تہذیبوں کے ترجماں بنکر
بہت دنوں تک تو ساتھ چل نہیں سکتے

دور وحشت میں چنے ساتھی

بس اسی دور کی آغوش میں جی سکتے ہیں

اور گردش ایام کی تلخی میں

بٹ جاتی ہیں راہیں

ہزار رستوں میں

میرے بدلے ہوئے حالات سے

خیال نو سے اور جذبات سے

مانا کہ مایوس ہوئے ہو

لیکن یہ اظہار نفرت کیسا؟

یقیں مانو تیرے جذبات کا یہ دوسرا رخ

مجھے درد دینے میں ناکام رہا ہے

فریب زدہ

گر یونہی نیند سے دور رہے
مار ڈالے گا راتوں کا سحر یہ
کس کے درد کی آواز یہ ابھری
شب کے سناٹے میں
کسی جہنم کی صدائیں
کہ حواس فریب زدہ ہیں
یا کسی اور جہاں کے
در کھلنے لگے ہیں
بند آنکھیں جھکائے
دور ستاروں پہ
تصور کی نظر ہے
بیٹھے ہیں خاموش؛ با ادب
کچھ سننے کو بیتاب
کچھ کہنے کے تمنائی
اور آئے حلقۂ سماعت میں تو
فقط آہ و کراہ ہی

جس سے اس جسم سحر زدہ میں
جھر جھری سی آتی ہے

آغازِ نو

چڑھ رہا ہے پر اسرار چاندنی کا خمار
چمک رہا ہے دنیا کا حصار
کیا اتر رہا ہے دنیا میں
کسی عظیم دیوتا کا اوتار
ہوا کی نرم سانسیں
کیا پیغام چھپائے ہیں
چمکتے سورج کی شعاعیں
کن فریبوں کا پرتو ہیں
افق پہ چھائے ہوئے گھنے بادل
کہتے ہیں کیا ٹپکتی بوندوں سے
اوٹ سے انکے صبح ابھرے گی
یا شام غم یہ لائے ہیں
اٹھنے والی ہے درد کی آندھی
یا دور درخشاں کو ہے حیا آئی
کہ آسمانوں پہ پھر سے ہلچل ہے
اور انساں زمیں پہ بیکل ہے

خواب

چہار طرف بکھرے ہیں رنگ ہزار

ہر رنگ نرالا

اور زندگی یہ کہتی ہے

ان رنگوں کے میلے میں

سب رنگ پڑے ہیں

چن لو تم بھی کوئی اپنے لیے رنگ

کئی صدیوں کی گو مگو

اور ہم وہیں مبہوت کھڑے ہیں

کہ کس رنگ کو اپنائیں

کس رنگ کو چھوڑیں

ہر رنگ اچھوتا

ہر رنگ ہمیں بھائے

زندگی!

مت ڈال امتحانوں میں

لٹا بھی دے فراخ دلی سے

سب رنگ ہی مجھ پر

روح کا سایہ

بس شب کی سیاہی میں
گرتا ہے زمیں پر
میری روح کا سایہ
دستک ہوئی کھڑکی پر
تو ہم دل کی طرف جھانکے
یہ کون چلا آیا
اس شب کے اندھیرے میں
مانوس آوازوں میں
ہے شور کوئی مہمل
سر جوڑ کے بیٹھے ہیں یہ کون ہے آیا
یہ کون ہے گھر آیا
مستی ہے ہواؤں میں
اور غضب کی شدت بھی
روح چھید کے گذرے
اور لرزہ ہے طاری
اس سب میں مگر شامل

احساس محبت؛ یاروں سی مروت
ان سرد سے جھونکوں میں
کس قدر ہے گرمی
دنیا کے اجالے میں
ثبت رہتی ہیں ذہن پر ہر رات کی یادیں
کھلے ہوئے پھول وفا کے
اور خد وخال شرم و حیا کے
عجلت میں بتانے کی کوشش میں ہی رہتے ہیں
ہر دن کی طوالت کو
کہ بس شب کی سیاہی میں
گرتا ہے زمیں پر
میری روح کا سایہ

سوال

یہ کس کی شوخی کو سجا رکھا ہے
صورت مغموم پہ تو نے
آواز ترنم
کہاں سے ادھار لائے ہو
تیرے قدموں میں اعتماد ہے کس کا
کس سے مانگ لائے ہو
بھڑک رہے ہو جس حرارت سے
دیکھو نہ یوں شرارت سے
کہ یہ تمہاری نہیں ہے
لاکھ چاہو چھپا نہیں سکتے
مضمحل طبیعت کا حال ھم سے
چھپا ہوا تیرا یہ رنگ شکست
پا گئی ہیں نظریں میری

ذرا سوچو تو!
افسردہ دلی کا زخم ہے گہرا

اور تم ان زخموں پر
نمک چھڑک رہے ہو
اور میں تو تمھیں
کسی ترنم؛ کسی شوخی؛ کسی تبسم کے بناء ہی
چاہ رہا ہوں اس دل میں اتارے

عجب تضاد

جی رہے ہیں خود سے دوری میں
اک عالم بے شعوری میں
سمٹ کے خوف کی دیواروں میں
چھپ کے خواہشوں کی غاروں میں
تلاش اک عمر جاوداں کی رہی
زمیں میں دھنستے رہے؛ تمنا آسماں کی رہی

لذت

حواس کے در نظر حوادث ہوں

ایام تلخ میں ہم تم

ہر خوف و تمنا کو مٹا کر

سمٹ کے اک دوجے میں

تحلیل ہو جائیں

لذت کے سمندر میں

تارکِ وطن

یخ بستہ راتوں کو کہر زدہ سڑکوں پر
برھنہ پا ؛ عزم مصمم لیکر
نکلے تھے گھروں سے
خون تازہ کی قوت و حرارت لیکر
ابلتی جوانی کا سیلاب رواں بنکر
مدہوش قدموں سے
وحشت ایام مٹانے
صبح نو کو جگانے
صدمہ حیات سے نبرد آزمائی کو
قسمت آزمائی کو
نوعمری کے ولولہ بے خوف میں
قسم یہ کھائی تھی
کہ آب جستجو کو منجمد نہ ہونے دیں گے
جذبہ حصول منزل کو نہ سونے دیں گے
یہ وعدہ کیا تھا
کہ ہم رہیں نہ رہیں

اس لہو سے مشعلیں جلا کے ہزار
سحر نو نہ بھی ملی تو
سحر اپنی خود تراشیں گے
ظلمت سے سر ابھاریں گے
ولولوں سے خورشید درخشاں کو ڈھالیں گے
چھید کر کہسار کی سنگلاخ چٹانوں کو
ڈگر نئی کوئی بنا لیں گے
سحر زدہ گزر گاہوں کو کہہ کے چلے تھے
اے بے کسی کی دھول میں ڈوبی ہوئی راہو!
اب نکل پڑے ہیں
دن تیرے بدلنے
اس گود خالی کو
لعل و گوہر سے بھرنے
اور کچھ دن بس انتظار کرو

قطرہ قطرہ کو ترستے ہوئے باغو!
اداس نسلوں کے اشک بے بس سے نہیں
دست مضبوط کی طاقت سے
کاوش مسلسل سے
آرزوئے پیہم سے
تم کو بالآخر سیرابی ملے گی

تیرے مرجھائے ہوئے چہرہ پہ کھینچ لائیں گے
پھر رنگ و شادابی
نکھریں گے تیرے پھول عنابی
کہ ہم خزاں کے چنگل سے
بہاروں کو چھین لائیں گے
وہ دیکھ آسماں کی طرف
بن کے ابر ہم برسنے والے ہیں
تیرے لیے تپش خوشگوار کو لینے
اک جہنم ہولناک میں اترنے والے ہیں

وطن سے دور
کوئے یار کی مہک سانسوں میں بسائے
خوشبو خاک وطن سینہ میں چھپائے
تڑپ قربت کو ڈھالتے رہے چاہتوں کے محلوں میں
ہمتوں کے قلعہ میں محصور کھڑے
ہر لمحہ تخیل میں تیری یاد سجائے
آہ سرد میں دن گنتے رہے ہیں
کچھ مرتے رہے ہیں؛ کچھ جیتے رہے ہیں
ہر زہر کو پیتے ہوئے یہ ہاتھ نہ کانپا
تھی دل میں تمنا کہ بھر جائے
تیری محفل اجالوں سے

مگر آج جو دیکھا

تیری یادوں سے نکل کر

تو دھچکہ سا لگا ہے

احساس خود فریبی پر

تیری گرد آلود پیشانی پر

حسرتوں کی نئی بندیا سجی ہے

تیری اداس راہوں پر

درد کی پھر فصل اگی ہے

تیرے چمن کے زرد سے پھول

اب خوشبو سے ہیں عاری

ہر قدم ہے بوجھل؛ ہر سانس ہے بھاری

ہر راہ میں بکھرا ہوا فریب نظر ہے

اور امن کی کھیتی برباد پڑی ہے

کب سے بنجر ہے وہ زمیں کہ جو سونا اگل سکتی تھی

جھانک کر تیری آنکھوں میں

دل ٹکڑے ہوا ہے

کہ ان میں چاہتوں کے محل مسمار ہیں پائے

بیچ حائل کہسار ہیں پائے

تیرے پہلوئے سرد میں راحت نہیں باقی

بس اک دبیز تہہ کدورت کی
تیرے لوح دل پہ آ چھائی ہے
تیرے رخ پہ ہوس کی آندھی کو
بپھرا ہوا پایا ہے
اپنے سروں کی چاندی کو گھورتے ہوئے سوچیں
کیا یہی تھے وہ خواب جنکے تعاقب میں
ہم گھروں سے نکلے تھے

قطعات

کس رات کے پہلو میں پلا شوق تمنا
اس دن کے اجالے میں ہمیں چین نہیں ہے
اب رخت سفر باندھ کے چلتے ہیں جو راہی
سناٹے میں پھر شب کے کوئی بین نہیں ہے

ہر شام دلفریب کی آنکھوں میں جھانک کر
ہستی تلاش کرتی ہے انسان ہے کہاں
پی کر جگر کا خون جو بکھرا تھا ہر طرف
اے قوت نمو تیرا طوفان ہے کہاں

تیری خوشی کے بحر میں ہوتی رہیں پیدا
ہر لحظہ یہ موجیں؛ چنچل سی کئی لہریں
امید کے ساحل پر ہو تیرا ٹھکانہ
رنگینئ جیون میں ڈوبی رہیں نظریں

کئی سورج چمکتے ہیں اس دل کے دھندلکے میں
یہ راز میرے پھر بھی سربستہ ہی رہتے ہیں
گم گشتہ جہانوں کے مغموم یہ سب راہی
بکھرے ہوئے خوابوں سے وابستہ ہی رہتے ہیں

اے بحرِ ندامت کی شوریدہ سر موجو!
نہ غرق ہوئے تم میں تو پی جائیں گے طوفاں کو

گلے لگے تو بڑھی اور آگ سینے کی
قسم ہے کھائی جو آتش فشاں میں جینے کی
ہزاروں سال صحرا کی خاک چھانی ہے
باری اپنی ہے اب لب کے جام پینے کی

جھانک کر دیکھو تو سہی میری آنکھ کی گہرائی میں
کشمکش زیست ہے؛ صدمہ ہے ہر جدائی میں
ہر راہگذر پہ ثبت میرے قدموں کے نشاں ہیں
ہر عرش کی چوٹی پر؛ ہر ارض کی گہرائی میں

جی رہے ہیں کہ سراغ زندگی ابھی پانا ہے
خوشیوں کے سمندر سے گوہر کوئی لانا ہے
چل دیں گے جہاں سے کام اپنا دکھا کر
روتے ہوئے آئے تھے ہنستے ہوئے جانا ہے

وقت آ پہنچا وفا کو آزمانے کا
بن رہا ہے حقیقت خواب اک دیوانے کا
یہ کس کی آمد کا انتظار ہے سبکو
برا ہے حال اک بار پھر زمانے کا

کچھ تلخ حقائق سے منہ موڑ کے آئے ہیں
اک رشتہء نازک کہیں توڑ کے آئے ہیں
بس نقش ابھرتے ہیں ہر یاد کی چلمن سے
کچھ یاد نہیں ورنہ کیا چھوڑ کے آئے ہیں

پھر برق فروزاں ہے پر طور نہیں ہے
یہ عہدِ نو ہم سے بہت دور نہیں ہے
ہر شے میں تغیر کو ہم دیکھ ہی لیتے
اس آنکھ کی پتلی میں مگر نور نہیں ہے

ذلت کے اندھیروں کو ملا نام اطاعت
لفظوں کی غلامی کو کہتے ہیں فصاحت
جو خوف سے ڈر کر تم یاد ہو کرتے
پھر درد محبت کو کیا ہو گی جسارت

پریم کی گنگا من میں اتر کر
اتراتی رہی بل کھاتی رہی
روپ کی دیوی خواب کی صورت
پہلو میں چھپی شرماتی رہی

قہقہے؛ خوش خیالی؛ یہ بے فکری

کشمکش حیات دکھائی ہے بے جگری

جہاں بھی رک گئے بن گئی جنت

ہر گھڑی انکی حرارت سے جل کر گزری

جب موسم سرما کی یخ بستہ راتوں میں

گرما کے گذر جاتی ہے اک تپش جوانی

بہت دنوں کے بعد دلبر آئے ہو

آسمانوں کی خبر لائے ہو

اپنی وحشت کو انتہا میں سمجھا تھا

اور تم ہو کہ پیغام حشر لائے ہو

سرور وصل بھی جا شام غم میں ڈھلا ہے
اب تو دامن امید بھی بس چھوٹ چلا ہے
جگا کے چل دیے جو پھر خواب غفلت سے
اس کرم ستم سے کیا تم کو ملا ہے

پیغام وفا پڑھ لیا نگاہوں کا
مٹا نام و نشاں ساری راہوں کا
لذتِ یار میں پھر ڈوب چلو تم
بوجھ کم ہے ابھی تیرے گناہوں کا

آکاش کے دامن سے پھر آج پکارا
پو پھٹنے سے پہلے اک انجم تنہا نے
رنگینیٔ دنیا کی خبر آ تجھ کو سنا دوں
اجالے ہیں نزدیک جگائے جو تمنا نے

جب پردہ وہم میں چھپ جائے حقیقت
چھپ چھپ کے ستاروں میں روتی ہے محبت
جذبات کو لفظوں کی اسیری نہیں بھائی
ہے جب سے زباں کھولی؛ ہے ہر بات مصیبت

میری دھڑکن سے رہتی ہیں بیدار فضائیں
سانسوں کی روانی سے چلتی ہیں ہوائیں
اس دل میں محبت کے بجھ جائیں جو شعلے
تاریکی میں جا ڈوبیں تاروں کی شعاعیں

ہر قطرۂ خوں رگ کی لہروں میں رواں ہے
ساکن سی کسی جھیل کا گو ہم کو گماں ہے
گمبھیر سناٹوں میں چھپی سازش فطرت کا
اس ذہن کی الجھی ہوئی سوچوں میں نشاں ہے

نگار خانہ ہستی میں غوطہ زن ہیں مگر
پوشیدہ چشم تصور سے ہیں مقام و نگر
گرچہ ٹکرائی نہیں آواز ابھی سماعت سے
گذر کے سانس سے گئی ہے دل میں اتر

چھوڑ پیچھے درد دنیا؛ دیکھ تو آگے
بن گئے زنجیر آھن؛ کچے سب دھاگے
سوچ گم صم؛ آنکھ حیراں دیکھ کر عالم
جیسے کوئی بیخودی سے؛ نیند سے جاگے

ہر راہگذر پہ دوزخیں اپنی ہیں ہمسفر
پھر یوں ڈرا رہے ہو ہمیں کس عذاب سے

☆ ☆☆